Julius Adrian F. Wilhelm von Verdy du Vernois

Über praktische Felddienst-Aufgaben

5. Nach der Schiessvorschrift vom 22. Feb. 1887, der FelddienstOrdnung vom 23. Mai 1887 u. Dem ExerzirRelement vom 1. Sept. 1888 umgearb. Aufl

Julius Adrian F. Wilhelm von Verdy du Vernois

Über praktische Felddienst-Aufgaben

5. *Nach der Schiessvorschrift vom 22. Feb. 1887, der FelddienstOrdnung vom 23. Mai 1887 u. Dem ExerzirRelement vom 1. Sept. 1888 umgearb. Aufl*

ISBN/EAN: 9783744612241

Hergestellt in Europa, USA, Kanada, Australien, Japan

Cover: Foto ©ninafisch / pixelio.de

Weitere Bücher finden Sie auf **www.hansebooks.com**

Ueber

Praktische Felddienst-Aufgaben.

Vom

Generalmajor von Verdy du Vernois.

Mit einem Kroki.

Fünfte nach der Schießvorschrift vom 22. Februar 1887,
der Felddienst-Ordnung vom 23. Mai 1887 u. dem Exerzir-Reglement
vom 1. September 1888 umgearbeitete Auflage.

Berlin 1889.

Verlag von R. Eisenschmidt.

Im Offizier-Verein.

Der in der „Militär-Zeitung für Reserve- und Landwehr-Offiziere" veröffentlichte Aufsatz „von Verdy, Ueber praktische Felddienst=Aufgaben" hat ein allseitiges Interesse in der ganzen deutschen Armee erregt. Nachdem nunmehr die große Auflage der betreffenden Nummern vollständig vergriffen ist, hat die Verlagshandlung mit Genehmigung Seiner Excellenz des Herrn Generallieutenants und Kommandeurs der 1. Infanterie-Division von Verdy du Vernois diesen Sonderabdruck veranstaltet, um den fortgesetzten Nachfragen Folge geben zu können.

Berlin, im Juni 1884.

Die Verlagsbuchhandlung.

Vorwort zur zweiten Auflage.

Es gereicht der Verlagsbuchhandlung zur höchsten Ehre und Freude, mittheilen zu können, daß dieser Sonderabdruck nicht nur in den weitesten Kreisen der deutschen, sondern auch der ausländischen Armee großen Beifall gefunden hat.

Die zweite Auflage erscheint mit dem Wunsche, daß die kurz und bündig geschriebene Broschüre eine allgemeine Einführung bei sämmtlichen Regimentern erfahren möge.

Berlin, im Mai 1885.

Die Verlagsbuchhandlung.

Einleitung.

Die praktischen Felddienst-Aufgaben haben vornehmlich den Zweck, Offizieren Gelegenheit zur selbstständigen Führung kleiner Abtheilungen zu bieten, unter Lagen, wie sie im kleinen Kriege in Wirklichkeit vorkommen. Ihr Nutzen ist ein so allgemein anerkannter und weitreichender, daß bestimmungsmäßig von jedem Offizier, bis zum Hauptmann oder Rittmeister einschließlich aufwärts, jährlich eine solche Aufgabe unter höherer Leitung ausgeführt und der Hergang bei dieser Ausführung schriftlich eingereicht werden muß.

Wir halten es für dienlich, daß auch der Reserve-Offizier, sobald er zur Dienstleistung eingezogen, Gelegenheit zu derartigen Uebungen findet und somit seine Ausbildung für den Ernstfall auch in dieser Richtung gefördert wird.

Die nachfolgenden Zeilen sollen dazu dienen, einige Aufklärungen über das Wesen derartiger Uebungen bei der Infanterie zu geben, und ferner dazu beitragen, das Verständniß für ihre Lösung zu mehren. Zu diesem Zwecke sind auch Andeutungen eingeflochten über einige der am meisten vorkommenden Fehler.

Es muß aber auch an dieser Stelle darauf hingewiesen werden, daß selbst das beste Verständniß nur dann zum Ziele führt, wenn es von den nothwendigen Charakter=Eigenschaften, von schnellem Entschluß, Entschiedenheit und Konsequenz in der Durchführung, verbunden mit Ruhe und kaltem Blute, getragen wird.

1. Die Aufgaben.

Dieselben werden vielfach in der Form einer General- und Spezial-Idee ertheilt.

Erstere soll die Lage der beiden Gegner so weit klarstellen, wie diese in Wirklichkeit voraussichtlich von einander Kenntniß haben würden. Sie darf also unter keinen Umständen etwas enthalten, was nur einer der beiden Abtheilungen bekannt sein würde. So ist es meist fehlerhaft, wenn gesagt wird: „Ein Nord-Korps beabsichtigt dies oder jenes zu thun," da der Führer eines Korps seine Absichten für sich behält, jedenfalls sie dem Gegner nicht mittheilt. Andererseits muß die ganze Lage in wenig Worten klar auseinandergesetzt sein; ein jeder unnöthige Gedanke, ein jedes überflüssige Wort erschwert das Verständniß. Es ist auch durchaus nicht nothwendig, zwei Armeen und deren Bewegungen zu Grunde zu legen, damit 80 oder 100 Mann an irgend einem Punkte in der Nähe der Garnison auf einander stoßen können.

Völlig ausreichend erscheint z. B. folgende General-Idee: „Ein Nord-Korps ist mit seinen Spitzen auf der ... Chaussee bis X. gelangt. Die Vortruppen eines in der Gegend von ... stehenden Süd-Korps halten die Linie des ... Baches."

Auf der Grundlage einer solchen General-Idee baut sich die Spezial-Idee auf: „Dem Leitenden ist es überlassen, diese so zu gestalten, daß der Führer sich seinen Auftrag so zu bilden hat, oder daß ihm im Anschluß an die Spezial-Idee ein besonderer Auftrag gegeben wird." Während die General-Idee für beide Theile gleich lautet, ist die Spezial-Idee für jede Partei eine andere.

Letztere enthält nun zunächst, was dem betreffenden Offizier noch zu wissen nöthig ist in Bezug auf die Einzelheiten der eigenen Stellungen und der eigenen Absichten; ferner, was von ihm besonders gefordert wird. Auch hier, wie bei allen militärischen Arbeiten, ist die größte Kürze und Deutlichkeit erforderlich. Beispielsweise würde auf Grund obiger General-Idee folgende Spezial-Idee für das Nord-Detachement vollständig ausreichen:

„Lieutenant X erhält den Auftrag, sich in den Besitz der Uebergänge bei O. und P. zu setzen."

Hinzugefügt muß werden:

Stärke: (5 Unteroffiziere, 1 Spielmann, 70 Mann).

Sammelplatz: Nördlicher Ausgang von T., 7³/₄ Uhr früh ausgeruht.

Beginn der Uebung: 8 Uhr.

In Bezug auf die Stärke sei noch erwähnt, daß es sehr nützlich ist, wenn der junge Offizier dabei Gelegenheit findet, Abtheilungen in der Kriegsstärke zu führen. Also z. B. einen Zug von 70 oder 80 Mann: auch kann man älteren Premier-Lieutenants die Führung einer kriegsstarken Kompagnie (250 Mann) anvertrauen, die aus einem oder mehreren Bataillonen zusammengestellt wird.

Der bezeichnete Sammelplatz ist der Ausgangspunkt der Bewegung für das Detachement. Hierhin oder zur Seite dieses Punktes ist daher selbstverständlich der Rückzug zu richten. Will man für den Fall eines solchen eine größere Freiheit geben, so muß die Aufgabe dies durch Anführung noch anderer Momente, z. B. welche Punkte seitwärts X. vom Nord-Korps außerdem besetzt sind, gestatten.

Ist für den Beginn der Uebung keine Zeit festgesetzt, was füglich nicht unter allen Verhältnissen nothwendig ist, so liegt es in der Hand des Führers, von dem gegebenen Sammelplatz in der für denselben bestimmten Zeit abzurücken, sobald er die erforderlich gewordenen Anordnungen getroffen hat.

Abgesehen von der bisher erwähnten Form einer General- und Spezial-Idee kann auch die Aufgabe in Form eines einfachen Auftrages gegeben werden. Dies empfiehlt sich für kleinere Abtheilungen sogar meistentheils; nur darf sich dadurch die ganze Aufgabe nicht länger gestalten. Beispielsweise dürfte folgende Aufgabe vollständig alles enthalten, was zu wissen nothwendig:

„In X. soll eine Fouragirung vorgenommen werden. Lieutenant A. erhält den Auftrag, von Y. dorthin vorzugehen und dieselbe zu decken, da Abtheilungen des Gegners bei O. gemeldet worden sind." Folgen die Angaben über Stärke 2c.

Will der Leitende annehmen, daß für diese Fouragirung nur eine gewisse vorher bereits zu bestimmende Zeit erforderlich ist, so muß dies dem Lieutenant A. auch vorher gesagt oder während der Ausführung mitgetheilt werden. Der Offizier wird auf der Annäherungslinie des Gegners eine Stelle aussuchen, in welcher er ein etwaiges Vordringen desselben abzuhalten beabsichtigt. Ist ihm obige Mittheilung vom Leitenden nicht zugegangen, so wird er den Umständen gemäß handeln. Kann er sich daselbst nicht behaupten, so meldet er dem Leitenden, wann er der fouragirenden Abtheilung hiervon Mittheilung macht oder, wenn dieselbe seinem Kommando unterstellt ist, was in der Regel der Fall sein wird, wann er ihren Abmarsch anordnet.

2. Detachements-Befehle (Operations-Befehle).*)

Nachdem der Führer eines Detachements von der Aufgabe Kenntniß erhalten hat, überlegt er sich dieselbe. Es ist gut, sich für diesen Zweck die Aufgabe noch ein oder ein paar Mal durchzulesen und sich genau einzuprägen, was in ihr gesagt ist:

1. Ueber den Gegner, also was man von ihm weiß, wo er sich befindet, oder aus welcher Richtung

---

*) Die Felddienst-Ordnung besagt: Operations-Befehle werden von allen Kommandostellen mit deren Titel bezeichnet (Divisions-Befehl ꝛc.) oder mit der durch die Truppen-Eintheilung gegebenen Stelle (Detachements-Befehl ꝛc.)"
Bei den hier in Betracht kommenden Uebungen dürfte fast immer die Bezeichnung Detachements-Befehl zu wählen sein.

er erwartet werden kann. Dabei darf nicht übersehen werden, daß, während man sich selbst vorbewegt, der Gegner weiter vor oder zurück oder nach einer ganz anderen Richtung gegangen sein kann. Auch muß man, namentlich wenn man eine defensive Aufgabe zu lösen hat, erwägen, welche verschiedenen Wege der Feind zu seiner Annäherung einzuschlagen vermag.

2. **Ueber den eigenen Auftrag.** Stets muß, auch für den weiteren Gang der Uebung, vor Augen bleiben, was man erreichen soll. Je mehr man sich einprägt, je folgerichtiger man die Erreichung anstrebt, desto größer sind auch die Aussichten, zum Ziel zu gelangen. Nur darf man dabei den Rückzug selbst nicht verlieren, mithin muß man sich auch klar werden, wohin derselbe durch die Aufgabe bedingt wird.

3. **Ueber die Zeit des Abmarsches** bezw. wann eine etwa befohlene Aufstellung eingenommen sein soll.

So einfach dies scheint, so fallen doch vielfach Irrthümer dabei vor. Ist durch die Aufgabe der Beginn der Uebung vorgeschrieben, so muß der Abmarsch in Bezug auf vorgeschriebene Zeit und Ort genau innegehalten werden und darf weder früher noch später erfolgen. Dem Leitenden ist es vielleicht darum zu thun, den Zusammenstoß beider Abtheilungen an einem bestimmten Punkte, wo das Gelände für eine Gefechts-Uebung besonders günstig gestaltet ist, stattfinden zu lassen. Danach hat er beiden Gegnern die Abmarschzeit festgestellt. Tritt einer derselben nun später an, so wird möglicherweise die Absicht des Leitenden nicht erreicht. Soll ferner ein Abschnitt, gemäß der Aufgabe, zu einer bestimmten Zeit besetzt sein, so kann es vorkommen, daß dies schneller geschieht, als dieser Zeitpunkt herangekommen ist. Dann dürfen aber Patrouillen auf weitere Entfernung nicht fortgeschickt werden, bis der Moment da ist, in welchem die Uebung zu beginnen hat. Bei Aufstellung von Feldwachen müssen indeß die vorschriftsmäßigen Patrouillen auf nähere Entfernungen entsandt werden.

Nachdem man alle diese Punkte genau in sich aufgenommen hat, faßt man seinen Entschluß, und wenn man mit diesem ins Klare gekommen ist, erfolgt die Mittheilung an die unterstellten Offiziere und Unteroffiziere in der bei uns gebräuchlichen Form eines Detachements-Befehls.

Natürlich können für die so vielfach verschiedenen Aufgaben keine Vorschriften über den zu fassenden Entschluß gegeben werden. Eine und dieselbe Aufgabe, in verschiedenes Gelände verlegt, kann auch wesentlich verschiedene Maßregeln erfordern. Immerhin können jedoch einige Fingerzeige für die Anlage der Ausführung nützlich sein.

Zu empfehlen ist namentlich, daß man sich die Frage zunächst vorlegt, ob der Auftrag nicht durch angriffsweises Vorgehen zu lösen sei. Was man auch heutigen Tages über die Stärke der Vertheidigung sagen mag, der Angriff behält doch immer seine schwer wiegenden Vortheile. Ganz abgesehen von dem moralischen Element, das in den Friedens=Uebungen nicht zum Ausdruck gelangen kann, ist der Werth der Initiative ein so überaus großer, daß man nur durch die Umstände gezwungen darauf Verzicht leisten darf.

Verlangt nun die Aufgabe ein Vorgehen, oder hat der Ausführende ein solches von selbst ins Auge gefaßt, so hüte er sich vor allen Dingen vor Zer=splitterung seiner Kraft. Derartige Abzweigungen sind schon bei großen Truppen=Körpern vielfach gefährlich, in höherem Grade aber bei den kleinen Abtheilungen, welche bei den hier zu besprechenden Aufgaben in Betracht kommen. Je schwächer eine abgezweigte Ab=theilung ist, desto schneller kann sie bei einem Zu=sammenstoß mit dem Gegner unterliegen, bevor vom Gros des Detachements Unterstützung erfolgt.

Trotzdem bleibt bei der einen oder anderen Auf=gabe die Nothwendigkeit einer Abzweigung nicht aus=geschlossen. Wenn z. B. eine Wasserlinie überschritten werden muß, wird es oft erforderlich sein, an der betreffenden Brücke zur Sicherung des Rückzuges über dieselbe eine Abtheilung zurückzulassen, namentlich wenn aus der Richtung des Gegners noch andere Wege dorthin führen, als diejenigen, welche durch den eigenen Vormarsch gedeckt werden.

Immerhin wird ein Detachement von geringer Stärke gut thun, seine Mannschaften möglichst zu=sammen zu halten, Entsendungen zur Täuschung des Gegners, zur Flankirung ꝛc. nur so weit abzuzweigen, daß die Gefechtsthätigkeit derselben und des Gros noch eine gemeinschaftliche sein kann, d. h. noch eine gegenseitige direkte Unterstützung durch die Schuß= waffe jeden Augenblick erfolgen kann. Ueber solche Entfernungen hinaus thut man gut, nur, der eigenen Sicherheit wegen, sich auf Beobachtung zu beschränken und hierbei sich kleiner Patrouillen zu bedienen.

Ein fernerer wichtiger Punkt für den Angriff ist die Wahl des Weges. Im Allgemeinen wird man die Straßen und Wege so lange als möglich benutzen, je mehr man sich aber dem Gegner nähert, oder wenn man ihm schon von Anfang an auf nur kurzen Entfernungen gegenübersteht — was allerdings bei der Anlage solcher Aufgaben vermieden werden soll, — desto besser thut man daran, deckendes Gelände aufzusuchen, selbst wenn hierbei ein Umweg unver= meidlich wird. Es handelt sich alsdann darum, daß man vom Gegner möglichst spät bemerkt wird, daß er die Stärke nicht ausreichend zu übersehen vermag, und daß man seinem weittragenden Gewehre nicht schon auf größere Entfernungen und ohne Schutz im Gelände zu finden preisgegeben wird.

In Bezug auf die Vertheidigung kann ebenfalls nur auf das Eindringlichste vor einer Zersplitterung gewarnt werden. Hat man nur einen Punkt zu sichern, z. B. eine Brücke über einen Kanal, über welchen auf größere Entfernung sich kein weiterer Uebergang befindet, so ist das Zusammenhalten der Kräfte ein Leichtes. Hat man dagegen eine Stellung zu behaupten, gegen welche der Feind aus verschiedenen Richtungen vorgehen kann, so wird dies schon schwieriger, und zwar in um so höherem Grade, je ausgedehnter die durch die Aufgabe gegebene Stellung ist. In solchen Fällen wird man meist am besten fortkommen, wenn man die Hauptpunkte nur durch kleinere Abtheilungen vorläufig besetzt, damit der Gegner nicht so ohne Weiteres an einem oder dem anderen derselben einzubringen vermag, und einen ganz besonderen Werth auf die Bildung einer starken Reserve legt, die, sobald die Angriffs-Richtung des Gegners erkannt ist, an den betreffenden Punkt geführt wird.

Aus dem bisher Gesagten erhellt bereits, wie wichtig es ist, über die Stellung hinaus Patrouillen auf den Wegen vorzuschicken, auf welchen ein Anmarsch des Gegners erfolgen kann, damit man rechtzeitig über die Richtung dieses Anmarsches unterrichtet wird.

Ferner ist bei Lösung von Aufgaben, die eine Vertheidigung bedingen, die Wahl des Geländes von größter Wichtigkeit. Freies Schußfeld ist die erste Bedingung, deren Erfüllung wünschenswerth ist; trotzdem kann die Aufgabe selbst wie die Beschaffenheit des Geländes dahin führen, daß man sich in einem nicht besonders günstigen Gelände festsetzen muß. Hat man z. B. eine Fouragirung in einem Dorfe zu decken, so kann dies nicht geschehen, indem man sich an dem Dorfrande zu behaupten sucht, wenn dieser auch für die Vertheidigung noch so günstig gestaltet wäre. Die Deckung einer Fouragirung muß immer möglichst weit von dem betreffenden Dorfe gelegt werden. Bleibt man demselben so nahe, daß die Kugeln des Gegners bereits massenhaft in die Gassen einschlagen, so wird es in den meisten Fällen mit dem Fouragiren ein Ende haben, die Bauern mit ihren Gespannen werden die Flucht ergreifen. — Handelt es sich um die Deckung eines Transportes, so muß die betreffende Truppe auf der dem Feinde zugekehrten Seite marschiren, und indem sie anstrebt, ihn möglichst weit von den Fahrzeugen ab zu halten, wird sie sich vielfach schlagen müssen, ohne Rücksicht darauf, ob das Gelände an der Stelle ihre Vertheidigung begünstigt oder nicht. Im Uebrigen ist dies einer der vielen Fälle, in welchen eine defensive Aufgabe meist am besten durch eine Offensive gelöst wird.

Ueberhaupt hat man es bei den defensiven Aufgaben vielfach in der Hand, wenn das Gelände an der im Auftrage bezeichneten Stelle nicht günstig ist, durch Hinausgehen über dieselbe bis an einen günstiger gelegenen Punkt seine Aufgabe zu erfüllen. Sucht der Gegner alsdann durch eine Umgehung zum Ziele zu gelangen, so wird ein Angriff des Vertheidigers mit seinen zusammengehaltenen Kräften meist den Rückzug des Angreifers in bedenklicher Weise bedrohen und seine Bewegung lähmen.

Im Großen und Ganzen wird es sich bei dem **Angriff** der hier in Betracht kommenden kleinen Abtheilungen darum handeln, welchen Weg man wählt, bei der Vertheidigung dagegen, daß man rechtzeitig darüber unterrichtet ist, auf welchem Wege der Gegner vorkommt, und sich dann in der Lage befindet, ihm möglichst die gesammten Kräfte an einem geeigneten Punkte entgegenzustellen.

Wenden wir uns nunmehr zu dem auf Grund des gefaßten Entschlusses zu ertheilenden Detachements-Befehl.

Der Detachements-Befehl enthält die Anordnungen des Führers, wie sie den unterstellten Offizieren resp. Unteroffizieren mitgetheilt werden.

Die Felddienst-Ordnung von 1887 bildet die Grundlage für alle derartigen Uebungen. Es ist von Wichtigkeit, die Befehle stets gerade so abzufassen, wie es im Ernstfalle geschehen würde. Man vergegenwärtige sich nur, wie nothwendig dies ist. Der Offizier bekommt in der Regel erst auf dem Sammelplatz seinen Auftrag und zwar schriftlich mitgetheilt; derselbe enthält doch stets eine angenommene Kriegslage, in welche er sich hineindenken muß, aber es genügt nicht, daß er es gethan hat, seine unterstellten Unteroffiziere müssen doch auch ein richtiges Bild von den ganzen Voraussetzungen erhalten. Wie sollen sie sonst mitten in dem Garnisonleben ein richtiges Verständniß für eine Lage erhalten, wenn diese sich auf Voraussetzungen aufbaut, die ihnen unbekannt bleiben?

Die Mittheilung über die Kriegslage muß daher die Einleitung des Befehls bilden. Vielfach trifft man hier bereits auf den Fehler, daß dies meist in viel zu ausgedehnter Weise geschieht. Es darf nicht vergessen werden, daß für die nothwendige Mittheilung des Befehls fast immer nur eine verhältnißmäßig sehr kurze Zeit zur Verfügung steht, daß an ein öfteres Wiederholen derselben kaum gedacht werden kann und daher Alles in ihm so kurz, so bestimmt wie nur irgend möglich ausgedrückt werden muß, um den Zuhörern die sofortige Aufnahme in ihre Vorstellung zu erleichtern. Wenige kurze Sätze, die nur das Allernothwendigste enthalten, lassen sich leichter und schneller behalten, als eine ausführliche und weitläufige Erläuterung.

Manchmal allerdings verleiten die Aufgaben mit ihren General- und Spezial-Ideen dazu, in die Befehle weitläufige Auseinandersetzungen aufzunehmen; je kürzer jene sind, desto leichter wird es auch sein, die Einleitung des Befehls in wenigen Worten auszudrücken. Aber selbst wenn der Auftraggeber sich veranlaßt gesehen hat, die allgemeine Kriegslage in ausführlicher Weise darzulegen, so wird die Einleitung des Befehls häufig auf wenige Worte zusammengedrängt werden können, wenn man sich auf das für den gestellten Auftrag durchaus Nothwendige beschränkt.

Heißt es z. B.: „Ein von Belfort zur Einschließung von Straßburg vormarschirendes Süd-Korps hat bei X. ein Detachement zur Beobachtung von Neu-Breisach abgezweigt, dessen vorderste Abtheilungen am Abend des 12. die Linie Y-Z. erreicht haben," so genügt, wenn im Befehl gesagt wird: „Feindliche Abtheilungen, von X kommend, sind gestern Abend bis Y. und Z. gelangt." (Hierbei wird davon ausgegangen, daß der Auftrag am Tage vor der

Uebung geschrieben worden ist, der Befehl dagegen am Tage der Uebung selbst gegeben wird.) Indem man so das nur durchaus Nothwendige in den Befehl aufnimmt, haben sich die obigen 32 Worte der Aufgabe auf 13 zurückführen lassen.

Sind für die eigene Lage, also für die Aufstellung oder das Vorgehen benachbarter Truppen oder folgender Abtheilungen in der Aufgabe besondere Annahmen gemacht, so müssen auch diese zur Bezeichnung der gesammten Kriegslage mitgetheilt werden. Meistens kann dies aber bei dem zweiten nothwendigen Punkt, den jeder Befehl enthalten muß, — Mittheilung des Auftrags — geschehen. Z. B.: „Das Detachement soll einen bei X. in Durchführung begriffenen Brückenschlag decken" oder „Die diesseitigen Vortruppen haben Y. und Z. besetzt, das Detachement soll sich in den Besitz von O. setzen." Von wo aus das Vorgehen des Detachements stattzufinden hat, wie dies die Aufgabe feststellen muß, ist im Befehl nicht zu sagen, da der Punkt, an welchem er ausgegeben wird, selbstverständlich auch der Punkt ist, von welchem man in Wirklichkeit antritt, oder an dem man die zur Ausführung der Aufgabe erforderlichen Weisungen ertheilt. Ob man nun sagt: „Ich habe den Auftrag . . ." oder „Ich soll" oder „Das Detachement soll", ist gleichgültig: je kürzer, je besser. Vielfach wird hier, wie auch in den Berichten, mit Aengstlichkeit vermieden, das Wort „ich" zu gebrauchen, statt dessen wird von den

Anordnungen des Führers in der dritten Person ge=
sprochen oder ein anderes Begriffswort angewandt:
„Es soll . . ., man erfuhr, der Führer gab hierauf
Befehl ꝛc. ꝛc." —

Die „Felddienst=Ordnung" schreibt auf Seite 26
bestimmt vor, daß der Berichtende stets seine Person
mit „ich", „meine" ꝛc. und nicht mit „der Unter=
zeichnete" ꝛc. zu bezeichnen hat.

Als dritter Punkt des Befehls reiht sich dem
Vorhergegangenen die Mittheilung der eigenen
Absichten an. Hierbei wird am allermeisten über
das Ziel geschossen, und gerade in Bezug auf diesen
Punkt ergeben sich bei den Befehlen die ungebühr=
lichsten Längen. Der Fehler liegt darin, daß der
Führer sich leicht verleiten läßt, weiter zu befehlen,
als er es wirklich vermag; er will bereits hier aus=
drücken, was er in diesem oder jenem Falle zu thun
gedenkt, wo er es noch gar nicht übersehen kann,
ob die Anordnungen des Gegners nicht einen dritten
oder vierten Fall hervorrufen werden. Er beab=
sichtigt vielfach schon jetzt anzugeben, was, wenn ein
Punkt erreicht, eine gewisse Gefechtslage geschaffen
ist, dann für Ziele von ihm ins Auge gefaßt werden.

Das darf nicht sein. Ueber den ersten möglichen
Zusammenstoß mit dem Gegner hinaus kann nicht
befohlen werden. Wo aber dieser Zusammenstoß
stattfinden wird, dürfte sich doch nur in Ausnahme=
fällen von vornherein übersehen lassen, denn man
kennt ebensowenig die besondere Aufgabe des Gegners
wie die Art und Weise, in welcher er sie zu lösen

gedenkt. So bleibt bei Aufgaben mit angriffsweisem Vorgehen meist zunächst nichts zu thun als zu sagen, auf welchem Wege und in welcher Formation man vorgehen will. Bei beabsichtigter Vertheidigung ist die Bezeichnung der zu besetzenden Punkte und die Stärke der dazu erforderlichen Abtheilung, sowie Bezeichnung, wo die Haupt-Reserve sich aufzustellen hat, erforderlich. Hierzu kommen die Anordnungen über den Patrouillengang und Bestimmungen über etwaige Gelände-Verstärkungen. Hat man aber z. B. die Besetzung eines Abschnittes auszuführen, bei der man bis zur Erreichung desselben noch marschiren muß, so enthält der Befehl auch nur die Anordnung des Marsches bis dorthin.

Hat ein jüngerer Offizier eine Feldwache auszustellen, so bezeichnet er den zur Deckung der Aufstellung erforderlichen Patrouillen ihren Weg, setzt den Punkt fest, wo die Feldwache stehen soll, und ordnet an, an welchen Punkten die Posten auszusetzen sind. Erfordert die Aufgabe eine Sicherung nach mehreren Richtungen, die von den Posten oder Unteroffizierposten einer Feldwache nicht ausreichend zu übersehen sind, so bedient man sich außer denselben der selbstständigen Unteroffizier-Posten; sind mehrere Feldwachen auszustellen, und ist die Stärke der Abtheilung danach bemessen, so wird im Befehl den dazu bestimmten Führern gesagt, wo sie ihre Feldwache hinzustellen und welche ungefähre Linie ihre Posten einzunehmen haben. Die Angabe dieser Posten gehört alsdann weniger in den Befehl als

später in den Bericht, nachdem der Detachements=
führer sie besichtigt und bezw. nach seinen Ansichten
berichtigt hat.

Aber auch hier ist in den Fällen, in welchen
ein Marsch erforderlich wird, bis man die Gegend
erreicht, wo die Feldwachen aufzustellen sind, vor=
läufig in den Befehl nur die Marsch=Ordnung auf=
zunehmen; es sei denn, daß bei Aufstellung ver=
schiedener Feldwachen gleich von Anfang an eine
Abzweigung erforderlich werden sollte.

Viertens verlangt man in dem Befehle eine
Angabe, wo sich der Führer für den Beginn
der Bewegungen aufhält. Es ist dies bei
großen Truppenkörpern sehr nothwendig, namentlich
damit die Meldungen nicht weit umherirren, bevor
sie ihr Ziel erreichen. Bei kleinen Abtheilungen
erscheint eine derartige Angabe allerdings in manchen
Fällen überflüssig. Da es in anderen dagegen
doch nutzbringend und nöthig sein kann, so wird
auch bestimmungsmäßig selbst bei kleineren Auf=
gaben diese Angabe festgehalten, damit sie nicht
einmal, wo sie durchaus erforderlich erscheint, in Ver=
gessenheit geräth; sie wird also nur da fortbleiben,
wo die gesammte Abtheilung sich an einem Punkt
versammelt befindet, wie z. B. bei Ausstellung einer
Feldwache.

In der Regel wird sich beim Angriff bei
kleineren Abtheilungen der Detachements=Führer bei der
Avantgarde aufhalten, bei der Vertheidigung aber an

dem wichtigsten Punkt seiner Aufstellung oder bei der Reserve.

Die Angabe des Aufenthaltes im Befehl bedingt nun keineswegs, daß der Führer durchaus unter allen Umständen daselbst verbleiben muß; er wird sich vielmehr überall dorthin begeben, wo seine Anwesenheit nothwendig wird, aber die Angabe im Befehl hat den Vortheil, daß man doch stets an diesem Punkte erfährt, wo er sich zur Zeit aufhält und daß ihn auf diese Weise jede eingehende Meldung jedenfalls schneller erreicht, als wenn der Meldende ohne irgend welchen Anhalt ihn aufsuchen soll.

Das hier Angeführte ist in seinen Grundzügen in der schon früher erwähnten Felddienst-Ordnung in folgenden Worten zusammengefaßt:

Für die Abfassung der Operations-Befehle empfiehlt sich etwa folgende Reihenfolge:

Nachrichten über den Feind, soweit diese für den Empfänger von Bedeutung sind — die eigene allgemeine Absicht, soweit solche den Truppen mitzutheilen erforderlich ist, — die Aufgaben der einzelnen durch die Truppeneintheilung gegebenen Verbände, und schließlich der Aufenthaltsort des Befehlenden für den Beginn der Bewegungen.

Anordnungen für einen etwaigen Rückzug werden nur den nächsten Stellen und immer nur vertraulich mitgetheilt.

Die Felddienst-Ordnung empfiehlt ferner, längere Befehle ohne Eingangsworte in Nummern zu gliedern.

Zur formellen Feststellung des Befehls sei hier noch der **Truppen-Eintheilung** eine kurze Betrachtung gewidmet.

Die **Truppenstärke** hat die Aufgabe anzugeben; manchmal jedoch nöthigen Verhältnisse, dies in einer etwas unbestimmten Weise zu thun, wie: „Die verfügbaren Mannschaften der X. und Y. Kompagnie" oder „Die verfügbaren Mannschaften des X^{ten} Bataillons." Es empfiehlt sich daher, die Truppenstärke im Befehl zu wiederholen. „Ich habe den Auftrag mit 5 Unteroffizieren, 2 Spielleuten, 60 Mann rc."

Ferner liegt in dem Umstande, daß auf Grund des Befehls die betreffende Abtheilung vom Sammelplatz aus sich in Bewegung setzt, auch die Nothwendigkeit, in ihm genau die Stärke aller Abzweigungen, wie Avantgarde, Seitendetachements rc. anzugeben, sowie die Entfernungen, mit welchen das Gros oder andere Abtheilungen folgen sollen.

In der späterhin schriftlich einzureichenden Arbeit ist es wünschenswerth, diese Stärkeangaben der verschiedenen Abtheilungen derartig zu schreiben, daß der die Arbeit durchsuchende Vorgesetzte sie gleichsam mit einem Blick zu erfassen oder beim Durchlesen des Berichtes schnell wiederzufinden vermag. Es empfiehlt sich demgemäß, die sonst leer stehende halbe Seite des gebrochenen Bogens hierzu zu benutzen.

Es frägt sich nun, wie weit diese Truppen-Eintheilung hier durchzuführen ist. Jedenfalls sind einzelne

Leute und kleine Patrouillen dabei nicht aufzuführen, wohl aber die Avant- und Arrieregarden in ihrer Stärke, größere Seiten-Detachements und abgezweigte Abtheilungen, sowie Feldwachen u. s. f.

In Bezug auf Avantgarden sei gleichzeitig noch bemerkt, daß bestimmungsmäßig (S. 39 ff. der Feldbienst-Ordnung) „eine jede in der Nähe des Feindes marschirende Truppe besonderer Sicherung bedarf." Das Gros der vormarschirenden Truppe hat zur Deckung seines Marsches vor sich seine Avantgarde, das der rückmarschirenden seine Arrieregarde. Die Sicherung der Flanken wird durch Seitendeckungen bewirkt. Die Stärke der Avantgarde beträgt etwa $1/3$ bis $1/6$ des Ganzen. Dieses Stärkeverhältniß braucht jedoch nicht streng eingehalten zu werden, namentlich nicht bei kleinen Abtheilungen, vielmehr ist besondere Rücksicht darauf zu nehmen, die normalen Truppen-Verbände möglichst wenig zu stören.

Ferner heißt es Seite 42 und folgende:

Die Stärke und Zusammensetzung der Avantgarde richtet sich nach dem Gelände und nach der Stärke des Ganzen — in größeren Verbänden nach der Stärke des vordersten Heerestheiles.

Sie umfaßt etwa $1/6$ bis $1/3$ der Infanterie.

Die Avantgarde gliedert sich in den Haupttrupp, den Vortrupp und eventuell die Avantgarden-Kavallerie.

Der Haupttrupp enthält die Masse der Infanterie und in der Regel auch die Artillerie.

Der Vortrupp besteht — unter möglichster Feststellung der Truppenverbände — aus $1/4$ bis $1/3$ der Infanterie, der nothwendigen Kavallerie und den Pionieren. Der Vortrupp marschirt dem Haupttrupp so weit voraus, daß er diesem bei einem Zusammenstoße mit dem Feinde die Zeit zur Gefechtsentwickelung gewährt, für gewöhnlich $1/2$ — 1 km, bei kleineren Avantgarden so weit, daß der Haupttrupp nicht durch ein wirksames Gewehrfeuer überrascht werden kann.

Ein starker Vortrupp kann, sofern dies eine bessere Sicherung verspricht, einen Theil (Kompagnie, Zug) um 300—400 m vorschieben.

Auf ungefähr gleiche Entfernung dem Vortrupp voraus befindet sich die Infanteriespitze, bestehend aus 1 Offizier und mindestens einer Sektion, damit sie einige Widerstandskraft besitzt und befähigt ist, in größerer Breite abzusuchen, ohne den Vortrupp in Anspruch nehmen zu müssen. Sie marschirt meist in aufgelöster Ordnung, zwei Mann in der Regel, halbwegs vom Vortrupp zur Verbindung mit demselben zurückhaltend.

Uebersetzen wir diese Grundsätze zur näheren Aufklärung einmal auf thatsächliche Verhältnisse.

Ein Bataillon wird sich z. B eine Avantgarde von einer Kompagnie bilden, dieser Kompagnie ein Zug als Vortrupp vorangehen, welcher die Spitze weiter vorschiebt. Bildet das Bataillon dagegen selbst die Avantgarde eines größeren Truppenkörpers, so würde die Kompagnie obigen Vorschriften gemäß den

Vortrupp bezeichnen; es bleibt überlassen, ob die Kompagnie sich durch eine Spitze allein oder durch Vorschieben eines Zuges und einer Spitze sichern will. Für den etwa noch vorgeschobenen Zug giebt es keine besondere Bezeichnung.

Eine einzeln marschirende Kompagnie nimmt in der Regel einen Zug als Avantgarde und dieser die Spitze vor.

Ob eine nur in zwei Zügen formirte **Abtheilung** eine Avantgarde aus einem halben Zuge abzweigen will, oder nur eine Spitze, bleibt ihr überlassen, wogegen **ein Zug** meist nur eine Sektion (oder bei größerer Stärke auch zwei) als Spitze vornimmt.

„Eine Infanterie-Spitze besteht aus 1 Offizier und mindestens einer Sektion, damit sie einige Widerstandskraft besitzt und befähigt ist, in größerer Breite abzusuchen, ohne den Vortrupp in Anspruch zu nehmen." Ist Kavallerie dem Detachement beigegeben, so geht der Infanterie-Spitze eine Kavallerie-Spitze von 1 Offizier und 4 bis 6 Reitern voraus.

In Bezug auf die Entfernungen wird bemerkt, daß die Infanterie-Spitze der vordersten Abtheilung auf etwa 300 bis 400 m vorausgeht. Der Abstand einer Avantgarde von ihrem Gros wechselt nach dem Gelände und der Stärke; je unübersichtlicher das Gelände, desto näher können die Abtheilungen an einander gerückt werden, je stärker die Avantgarde ist, desto weiter darf die Entfernung bis zum folgenden

Gros sein. Der Befehl muß aber jedesmal die Entfernung bestimmen.

Die Verhältnisse bei Arrieregarden gestalten sich dem oben Gesagten analog.

3. Die Durchführung.

Es kann natürlich in einem Abschnitte über die Durchführung der gestellten Aufgaben nicht davon die Rede sein, wie die vorkommenden Aufträge zu lösen sind. Was Letzteres bedingt, liegt vorzugsweise in der ersten Anlage, und ist dies bereits in den Betrachtungen über die Befehle berührt worden.

Dagegen muß der Führer einer Abtheilung nie vergessen, daß er nicht nur eine Aufgabe zu lösen, sondern auch dabei eine Truppe sachgemäß zu befehligen hat, daß er also verantwortlich ist für die genaue Ausführung des Reglements, der Vorschriften und Verordnungen, sei es nun, daß diese sich auf die taktischen Formen, auf das Schießen oder auf die Vorschriften über die Ausbildung der Truppen im Felddienst beziehen oder allgemeine taktische Grundzüge betreffen.

Auf diesen Gebieten, auf welchen leicht manches im praktischen Dienst Gelernte sich dem Gedächtniß wieder entwindet, lassen sich für die Durchführung der Aufträge wohl einige Andeutungen geben. Es sollen daher im Nachstehenden wenigstens einige der Schwierigkeiten und Fehler, die sich erfahrungsmäßig öfter zeigen, berührt werden.

a) Fassen wir hierbei zunächst das eigene Verhalten des bezüglichen Offiziers ins Auge.

Selbstverständlich tritt die Ruhe und Festigkeit, wie bei allen dienstlichen Verrichtungen, auch hier in die erste Linie. Diese wird leiden und erschüttert werden durch eine zu große Beweglichkeit; man wirkt bei einer Felddienstübung unter dem Einflusse der Verführung, überall selbst sein und alles bis in die kleinsten Einzelheiten auch selbst leiten zu wollen.

Dadurch entsteht aber ein Uebersehen wichtiger Dinge, ein Vergessen dessen, was der Auftrag eigentlich fordert, und eine Unruhe, die sich sehr leicht den Mannschaften mittheilt.

Im Allgemeinen wird bei diesen kleinen Abtheilungen der **Platz des Führers im Vormarsch** bei der Avantgarde, im Gefecht unweit der Reserve auf einem Punkt zu nehmen sein, woselbst er die meiste Uebersicht hat. In der Vertheidigung wird er sich bei derjenigen Abtheilung zunächst aufhalten, von welcher aus man das Anmarsch=Gelände des Gegners am besten unter Augen hat. Ist dieses jedoch unübersichtlich, oder sind mehrere Abtheilungen vorgeschoben, so hält er sich ebenfalls in der Nähe seiner Reserve auf oder da, wo ihn die Meldungen der vorgeschobenen Abtheilungen am besten erreichen.

Gleichzeitig muß der Führer stets im Auge haben, daß er sich nicht **unnütz zeigt**, vielmehr dort bleibt, wo er sich in Wirklichkeit aufhalten würde. Das freie Vortreten ist nur in entscheidenden Augenblicken statthaft, wenn es gilt, das Gros der Kräfte zum Angriff vor=

zuführen oder wichtige Angriffe abzuschlagen. Hiergegen wird bei den Uebungen vielfach gefehlt. Es macht einen eigenthümlichen Eindruck, wenn der Erste, den man von einer mit allen Vorsichtsmaßregeln anmarschirenden Abtheilung erblickt, der Führer ist, der sich womöglich noch vor der Spitze befindet, oder wenn derselbe in einer nur ein paar Hundert Meter vom Gegner entfernt liegenden Schützenlinie ungedeckt auf= und abgeht.

Die obere Leitung bei solchen Uebungen hat die Verpflichtung, hierauf streng zu achten, denn ganz abgesehen von dem Unnatürlichen, was ein derartiges Verfahren an sich trägt, lernt der betreffende Führer gar nicht, eine Abtheilung zu leiten, wie er sie in der Wirklichkeit leiten muß.

Ein weiteres Moment liegt in der Befehls= Ertheilung.

Man wird in der Aufregung leicht verleitet, bei jeder Maßnahme des Gegners auch seinerseits etwas thun zu wollen, oft selbst, wenn diese Maßnahmen sogar noch keine ausgesprochene Absicht angenommen haben, daß man ihre Absicht noch nicht zu übersehen vermag. Man hüte sich vor solchen Uebereilungen; nichts ist nachtheiliger, als einen ertheilten Befehl noch, bevor er zur Durchführung gelangt, zu widerrufen oder wesentlich zu ändern. Daher muß man sich die Ruhe zu wahren suchen, jede Anordnung, bevor man sie trifft, zu erwägen, und lieber läßt man eine einmal getroffene Anordnung, wenn ihre Durchführung nicht geradezu schädlich wirkt, ihren

Lauf nehmen, als daß man sie wesentlich ändert, um statt des Guten etwas Besseres zu setzen.

Dann ist ein häufig vorkommender Fehler, daß die Befehle von Weitem den Betreffenden oder einem Unteroffizier, der sie weiter befördern soll, zugeschrieen werden. Nur das Kommando ist laut und bestimmt zu geben, es sei denn, daß dem Gegner dadurch die Nähe oder Absicht der betreffenden Abtheilung verrathen würde. Aber auch in solchen Fällen, wo es leise ertheilt werden muß, ist es immer noch scharf zu betonen. Es ist dies ein wesentliches Hülfsmittel der Disziplin und strammen Festhaltung der Mannschaften, von dem auch nur im Mindesten abzulassen, auf das Eindringlichste gewarnt werden muß. Im Uebrigen sind Befehle aber nur von Mund zu Ohr sprechend zu ertheilen, aber nicht schreiend. Thut dies der obere Führer so ahmen ihm die unteren gewiß nach, und es entsteht jenes unruhige laute Wesen, was der Sache schadet und überdies auf jeden Zuschauer einen höchst unerquicklichen Eindruck macht. Ebenso ungünstig ist aber auch der Eindruck, wenn man Kommandos zwei oder mehrere Male hintereinander laut wiederholen hört, ein Zeichen, daß die Mannschaft nicht aufmerksam genug war, oder daß es überhaupt zu undeutlich gegeben worden ist, eine Erscheinung, die man namentlich bei der Leitung von Schützenlinien oft findet. Es empfiehlt sich, besonders wenn heftig gefeuert wird, hier vorzugsweise die Anwendung der Signalpfeife, um die Aufmerksamkeit der Mannschaften darauf hin=

zulenken, daß gleich etwas befohlen werden wird. Besondere Signale mittelst dieser Pfeife einzuführen, ist bekanntlich verboten.

b) In Bezug auf das Verhalten der Mannschaften ist zunächst zu beobachten, daß die Strammheit, welche man auf dem Exerzirplatz zu fordern gewohnt ist, bei diesen Uebungen in keiner Weise nachlassen darf. Das Geschlossenbleiben der Mannschaften, die Ruhe und eiserne Festigkeit, die Strammheit der Griffe, alles dies muß, wo das Kommando erfolgt, hier ebenso ausgeführt werden, wie bei der Exerzir-Uebung. Während jedoch bei Letzterer die Anspannung nur auf eine verhältnißmäßig kurze Zeit gefordert wird, läßt es sich bei diesen Uebungen nicht von vornherein übersehen, wie lange sie dauern werden. Es ist daher Pflicht des Führers, so viel als möglich Erleichterungen und Ruhe zu gewähren. Daher darf kein unnützes Stillstehen erfolgen, die Leute werden in allen denjenigen Lagen, welche dies gestatten, die Gewehre zusammensetzen, oder wenn die Gefechtsbereitschaft es fordert, zwar aufrecht und geschlossen stehen, aber sich rühren dürfen und das Gewehr bei Fuß haben. Alle Bewegungen sind „ohne Tritt" auszuführen, abgesehen von denen der geschlossenen Abtheilungen im wirksamsten feindlichen Gewehrfeuer, ein Laufen findet nur auf Befehl statt und ist überhaupt so viel wie möglich zu vermeiden; es ist nicht zu ermöglichen, daß sonst abgehetzte Leute mit dem gepackten Tornister auf dem Rücken überhauptnoch einen sicheren Schuß abgeben. Andererseits ist aber auch darauf zu achten, daß alle Bewegungen der Schützen in einem lebhaften Schritt ausgeführt werden.

c) **Einige taktische Bemerkungen**, namentlich in Berücksichtigung von Fehlern, die sich öfter wiederholen.

In der Vorbewegung.

Beim Vormarsch durch große Ortschaften, waldiges oder sehr unübersichtliches Gelände, wo vielfache Wege-Verzweigungen vorhanden sind, kann es leicht vorkommen, daß das Gros einen anderen Weg als die Avantgarde einschlägt, wenn Letztere nicht an den Stellen, wo sie außer Sicht kommt, einen Mann zurückläßt, um den von ihr eingeschlagenen Weg zu bezeichnen.

Eine eigenthümliche Erscheinung ist, daß so häufig eine marschirende Kolonne in allen ihren Abtheilungen (Vorhut, Avantgarde, Gros) zum Stehen kommt, sobald die Spitze Feuer von einem Posten erhält oder auf eine kleine feindliche Patrouille stößt. Sache des Führers der vordersten Abtheilung ist es, schnell so viele Mannschaften aufzulösen, daß an einen Widerstand des Postens oder der Patrouille gar nicht zu denken ist und der Marsch des Ganzen ohne Aufenthalt erfolgen kann.

War es nöthig, noch Patrouillen zur Aufklärung des Geländes vorzuschieben, so müssen diese sich dadurch, daß die Spitze auf dem Wege durch Anwesenheit des Gegners zum Stehen kommt, nicht beirren lassen und dürfen keineswegs ebenfalls sofort stehen bleiben, namentlich, wenn ihr augenblicklicher Aufenthaltsort keine Uebersicht gewährt. Es kommt vor, daß diese Mannschaften, um sich in gleicher Höhe mit der Spitze zu erhalten, dann am Hange einer Höhe verbleiben, statt auf dieselbe hinaufzugehen. Aehnlich ist es vor oder in kleinen Wald-Parzellen, Gehöften und dergleichen.

Durch ein eben vom Gegner geräumtes Dorf, namentlich, wenn ein Gefecht um dasselbe stattgefunden hat, wird in der Regel ohne Weiteres durchmarschirt, das Absuchen dagegen unterlassen. Um Fühlung mit dem Gegner zu behalten, wird, wenn man überhaupt weiter vorgehen will oder muß, allerdings die nächste Abtheilung suchen, ihm dicht auf den Fersen zu bleiben. Dann aber ist es Pflicht der nächstfolgenden Abtheilung, das Absuchen zu übernehmen. Allerdings kann man im Frieden nicht in die Häuser hinein, aber angedeutet muß dies wenigstens durch Absenden von Mannschaften werden, damit man es immer im Auge behält und im Ernstfalle nicht vergißt.

Wird das Gefecht eröffnet, so müssen, sobald man erkennt, daß der Feind ernstlichen Widerstand beabsichtigt, starke Schützenschwärme entwickelt werden, und tritt dann die Ausnutzung des Geländes in den Vordergrund. Dabei ist zu empfehlen, daß der Führer, der den Befehl über die Schützen hat, sich selbst hinlegt, um zu sehen, ob die Schützen hinter ihren

Deckungen auch wirklich den Gegner im Auge haben.

In Bezug auf die Unterstützungstrupps kommt es zunächst nicht darauf an, ob sie 100 Schritt näher oder entfernter von der Schützenlinie sich befinden, auch für sie tritt Deckung gegen das Feuer des Gegners in den Vordergrund.

Für die ausgeschwärmten Schützenlinien dürfen die seitwärts zu entsendenden Gefechts-Patrouillen (das Reglement sagt S. 98: „einige Mann unter einem umsichtigen Führer") nicht vergessen werden. Am Feuer-Gefecht betheiligen sie sich nicht; ihr Zweck ist gerade, wenn die gesammte Aufmerksamkeit durch den unseren Schützen gegenüberliegenden Feind in Anspruch genommen wird, ein paar Leute zu haben, die, diesem direkten Kampf entzogen, ihre Aufmerksamkeit auf andere Richtungen wenden und dem Führer zeitig genug berichten, wenn von dort Gefahr droht.

Die Vertreibung des Gegners ist durch die ausgeschwärmten Abtheilungen zunächst ins Auge zu fassen. Dies geschieht, indem man den Gegner zu flankiren sucht, oder durch Entwickelung einer weit überlegenen Zahl von Schützen oder durch den Schützen-Anlauf nach vorhergegangener Erschütterung des Gegners durch das Feuer bei kurzen Entfernungen.

Es kommt vor, daß Schützenschwärme aus guten Deckungen auf nahe Entfernungen noch weiter vorgehen, um den Gegner auf kürzere kleinere Entfernungen, aber dann ohne eigene Deckung, zu beschießen. Hat man eine gute Deckung auf solchen Entfernungen, so kann das Feuer-Gefecht aus denselben schon entscheidend wirken, und es erscheint fehlerhaft, dann z. B. einen schützenden Waldrand zu verlassen, um auf einer keinen Schutz gewährenden Wiese den Gegner auf 50 m näher zu beschießen.

Andererseits sieht man manchmal Schützen= schwärme, die in freiem Gelände ruhig stehen bleiben oder sich hinlegen und den Feind beschießen, während wenige Schritte weiter ein Graben, eine Reihe Weiden und dgl. ihnen eine sehr gute Deckung gewähren würden. Auch dürfen Schützen im wirksamen feind= lichen Feuer sich nicht in langsamem Schrittmaß be= wegen.

Vielfach sieht man Flanken-Bewegungen in der unnatürlichsten Weise ausgeführt. Liegt man dem Feinde im Feuer-Gefecht auf wirksame Schußweite einmal gegenüber, so bleibt man auch an dieser Stelle zunächst fest liegen, wenn nicht Dämme, Gräben und dgl. Gelände-Gestaltungen, welche dem gebückt gehen= den Schützen hinreichend Schutz gewähren, vorhanden sind. Will man aber eine feindliche Aufstellung flankiren, so muß die dazu bestimmte Abtheilung bereits außerhalb des wirksamen Feuers dorthin angesetzt werden, also unter Umständen vom Unterstützungs= trupp aus. Hindern hierbei bebaute Felder die Be= wegung, so ist es besser, sie auf der dem Gegner ab= gewendeten Seite zu umgehen, als auf der ihm näher liegenden, da sonst zu unnatürliche Bilder entstehen.

Bei einem sprungweisen Vorgehen sind die regle=

mentarischen Vorschriften genau zu beachten (S. I. Theil § 131 und II. Theil § 38 und folg. des Exerzir-Reglements). Es sei von diesen angeführt, daß es sich empfiehlt, nach einer im Laufen zurückgelegten Strecke eine Ruhepause eintreten zu lassen, während welcher die Schützen sich hinlegen. In wirksamer Schußweite angekommen, wird das weitere Vorgehen dadurch vorbereitet, daß die Schützen während der Ruhepausen das Feuer aufnehmen. Ein Theil des Ganzen muß bei diesem sog. sprungweisen Vorgehen den Gegner abwechselnd unter Feuer halten und so dem anderen Theil die Möglichkeit der Vorwärtsbewegung verschaffen. Wie weit das jedesmalige Vorlaufen auszudehnen ist, wird vor dem Feinde durch sehr verschiedene Umstände (Bodenbeschaffenheit, Verfassung der Truppe, Stärke des feindlichen Heeres zc.) bedingt werden.

Für diese Art von Angriffsbewegung kommt indessen in Betracht, daß dieselbe viele Kräfte verbraucht und doch das Vorwärtskommen leicht verlangsamt. Auch muß die große und mit jedem Sprunge wachsende Schwierigkeit, eine im wirksamsten feindlichen Feuer eingenistete Schützenlinie zum wiederholten Vorgehen zu bringen, zur Vorsicht in Anwendung des sprungweisen Vorgehens mahnen. Ist es mit Rücksicht auf die Wirkung des feindlichen Feuers möglich, im ununterbrochenen Vorgehen zu bleiben, so hat dies unter allen Umständen zu geschehen, und darf daher bei den Uebungen das sprungweise Vorgehen weder auf zu weite Entfernungen begonnen, noch als die einzige Form des Vorgehens über ebenes Gelände geübt werden. Vielmehr muß Jedermann von der Einsicht durchdrungen werden, daß nur unaufhaltsames Streben nach vorwärts, verbunden mit wohlüberlegter Vorbereitung durch Feuer, den Erfolg verbürgt, daß dagegen jedes lange Verweilen im Feuer eines besser gedeckten Gegners zu starken Verlusten führen muß, — daß ein Zurückgehen aber mit der eigenen Vernichtung gleichbedeutend ist.

Am meisten wird die ununterbrochene Vorwärtsbewegung begünstigt, wenn es möglich ist, durch überlegenes Feuer aus flankirender oder überhöhender Stellung das feindliche Feuer niederzuhalten.

Größere geschlossene Abtheilungen können im wirksamen feindlichen Infanteriefeuer binnen kürzester Frist höchst empfindliche Verluste erleiden. Dies nöthigt dazu, die Zeitmomente für ihr unmittelbares Eingreifen in das Gefecht eng zusammenzufassen, während das Schützengefecht Stunden überdauern kann.

Zu beachten ist, daß man jedesmal, wenn ein momentaner Gefechtszweck erreicht wurde, suchen muß, so viel Schützen als möglich wieder zu sammeln. Nur das Nothwendigste bleibt aufgelöst. Namentlich ist hierauf beim Eindringen in Wälder, Dörfer oder dgl. zu achten.

Schließlich sei noch besonders darauf hingewiesen, die Bewegungen nicht zu überstürzen. Allerdings werden bei den Uebungen die Schützen nicht so lange einander gegenüber liegen, als dies in der Wirklichkeit der Fall ist. Immerhin müssen aber auch hier die Momente so lange ausgedehnt werden, daß sich eine Feuer-Vorbereitung bemerkbar macht.

Die Vertheidigung.

Keine Fechtweise ist derart abhängig von der Gestalt des Geländes als die Vertheidigung. Sie bedarf zu ihrer Durchführung der Ortschaften, Höhen und Schluchten, Waldstücke, Engwege ꝛc.

Bei jeder Vertheidigung kommt es auf die ausgiebige Verwerthung der Feuerwaffen an. Unter diesem Gesichtspunkte erfolgt die Wahl der Stellung und deren künstliche Verstärkung.

Sobald die feindliche Angriffsrichtung erkannt worden ist, wird die Schützenlinie von vornherein so stark bemessen, als dies zum Festhalten der Stellung nach Gefechtszweck und Gelände nothwendig erscheint. Schützengräben und sonstige Deckungen werden hergestellt, die Entfernung nach wichtigen Punkten im Vorgelände ermittelt, Munition aus den Patronenwagen an die Mannschaft vertheilt und von dieser nach Besetzung der Vertheidigungslinie handgerecht bereit gelegt. Die Unterstützungstrupps werden nahe herangezogen, unter Umständen dicht hinter der Schützenlinie aufgestellt. Alle Tiefenabstände sind zu verkürzen. Zurückgehaltene Abtheilungen bleiben nur so weit zurück, daß sie dem feindlichen Feuer entzogen, aber so nahe, daß sie zur Vertheidigung ihres Abschnittes zur Hand sind.

Für den Platz der Hauptreserve, also derjenigen Kräfte, welche nicht an bestimmte Abschnitte gebunden werden, bleibt Folgendes hervorzuheben: Eine Vertheidigung, welche nur die Abwehr sucht (Vorposten, Arrieregarden-Gefechte), kann sich auf Behauptung des Geländes beschränken. Dagegen muß eine Defensive, welche einen Waffenerfolg herbeiführen will, mit angriffsweisem Verfahren gepaart sein. Vertheidigung allein kann nie die Vernichtung des Gegners herbeiführen. Demgemäß muß mit den Kräften zur örtlichen Vertheidigung sparsam verfahren, die Hauptreserve aber auf demjenigen Punkte versammelt werden, von welchem aus nach allgemeiner Gefechtslage und dem Gelände am leichtesten im gegebenen Augenblick zum Angriff übergegangen werden kann. In der Regel wird dies einer der Flügel sein. Mit der Wahl dieses Mittels wehrt man auch am besten der Umfassung, diesem gefährlichsten Gegner starker Stellungen. Je größer der Körper, welcher sich vertheidigt, desto größer muß der Seitenabstand der Hauptreserve sein, denn es wird dadurch Raum für Entwickelung und Ansatz zum Angriff geschaffen, der gegnerische in der Flanke bedroht und der Schutz gegen Umfassung vermehrt. Vor Durchführung der Besetzung von Stellungen, bevor die feindliche Angriffsrichtung bekannt geworden, ist zu warnen.

Feldwachen und Vorposten-Dienst.

Das Nähere hierüber findet sich in der Felddienst-Ordnung Seite 47 und folgende.

Hier sei nur auf einzelne Punkte besonders aufmerksam gemacht.

Das Aufstellen von Posten ist durch vorgeschickte Patrouillen zu sichern; die von einer Feldwache aufgestellten Posten können aus Unteroffizierposten und Doppelposten, oder nur aus einer dieser beiden Kategorien bestehen.

Die Posten selbst werden auf denjenigen Punkten ausgestellt, welche die meiste Uebersicht gewähren, sowie auf den Wegen, da auf diesen der Verkehr der Bevölkerung stattfindet (Durchlaßposten).

„Findet man noch Punkte, von welchen aus eine besonders gute Uebersicht ermöglicht werden kann, deren Entfernung es aber nicht gestattet, sie in die Postenlinie hineinzuziehen, so besetzt man sie durch selbstständige Unteroffizierposten." Es ist vielfach die Ansicht verbreitet, daß solche Posten nur seitwärts herausgeschoben werden dürfen; es kann dies jedoch ebenso gut nach vorwärts geschehen. Der selbstständige Unteroffizier-Posten bildet eine kleine Feldwache, wird aber nicht von dieser, sondern vom Gros des Detachements (Gros der Vorposten, Haupttrupp ꝛc.) ausgestellt.

Hat man in der Nähe ein bedecktes oder durchschnittenes Gelände, so muß man dies unausgesetzt durch Patrouillen überwachen. Dabei genügt es nicht, eine zweite Patrouille erst abzuschicken, wenn die erste zurückkommt; der Gegner könnte dann Letzterer sehr wohl dicht auf dem Fuße unbemerkt folgen. Die zweite Patrouille muß daher schon früher abgeschickt werden, als die erste zurückkommt. Wenden wir uns schließlich zu einer der wichtigsten und heutigen Tages schwierigsten Aufgabe, welcher aber jeder Führer gewachsen sein muß, zur

Feuer=Leitung.

Die zunächst wichtigste Frage ist, auf welche Entfernungen das Feuer eröffnet werden soll.

Wir müssen uns hierbei an die Vorschriften für das „Gefechtsmäßige Schießen" halten, wie solche in der Schießvorschrift für die Infanterie S. 88 und folgende niedergelegt sind; wir entnehmen ihnen für unsere Zwecke folgende Sätze:

a) Bei richtiger Verwendung der Waffe kann mit Wahrscheinlichkeit noch von jedem Schuß ein Treffer erwartet werden:
  innerhalb 200 m gegen alle Ziele,
  bis 250 m gegen einen einzelnen, knieenden Gegner,
  bis 350 m gegen eine knieende Rotte (2 Mann dicht nebeneinander —)
  bis 450 m gegen eine stehende Gruppe (mindestens 3 Mann) und einen einzelnen Reiter.

Kann die Visirstellung bezw. der Haltepunkt vorher genau ermittelt werden, so erweitern sich die bei=

den letztbezeichneten Grenzen auf 400 m bezw. 600 m.

b) Gegen niedrige Ziele ist auf Entfernungen bis 400 m (nahe Entfernungen) Erfolg zu erwarten, auf Entfernungen über 400 m aber nur unter Einsetzung einer bedeutenden Munitionsmenge durchschlagende Wirkung zu erlangen. Hohe Ziele können noch zwischen 400 und 800 m (mittlere Entfernungen) mit gutem Erfolg beschossen werden.

Das Feuer über 800 m (weite Entfernungen) erfordert im Verhältniß zum wahrscheinlichen Trefferergebniß viel Munition und darf daher nur ausnahmsweise gegen solche Ziele angewendet werden, welche vermöge ihrer Höhe und gleichzeitigen Ausdehnung nach Breite und Tiefe günstige Trefflächen bieten.

Je mehr die Feuerwirkung der Zeit und dem Ziel nach zusammengedrängt wird, desto größer ist ihr moralischer Eindruck auf die Haltung des Gegners.

Nimmt man die Erfolge des Schießplatzes an, so wird man allerdings auf letztere Entfernung noch erwähnenswerthe Treffer finden, aber in Wirklichkeit, in der Aufregung des Gefechts, beim Schießen auf Menschen und unter dem Eindrucke des feindlichen Feuers verringern sich diese Erfolge. Um wieviel dies geschieht, vermag die Theorie nicht anzugeben, nach unserer Ansicht geschieht es aber in viel bedeutenderem Maße, als dies in der Regel angenommen wird.

Das Feuer gegen eine einzelne Batterie erzielt auf 1200 m in Wirklichkeit möglicherweise einige

Treffer, kann auch daher die Bedienung beunruhigen, eine besondere Einwirkung aber, welche irgend im Verhältniß zu der aufzuwendenden Patronenanzahl stände, versprechen wir uns nicht.

Wir brauchen hier jedoch nicht auf diesen Gegenstand näher einzugehen. Für unseren vorliegenden Zweck — die kleinen Felddienst-Aufgaben — kommt die Frage kaum in Betracht, da sich derartige Ziele, wie „Batterien und größere geschlossene Truppen-Abtheilungen" bei denselben wohl schwerlich bieten. Wir würden also für die Gestalt, welche diese Uebungen haben, festhalten, daß wir bei ihnen auf Entfernungen über 800 m grundsätzlich nicht mehr feuern.

Eine fernere Frage ist die Art des Feuers, welche angewandt werden soll.

Die Schießvorschrift läßt nach S. 99 dem Leitenden die Wahl zwischen der Salve und dem Einzel- b. h. dem Schützen- und dem Magazinfeuer.

a) Die Salve.

Durch die Salve — Linien- wie Schwarmsalve — wird die Truppe am sichersten in der Hand behalten, die Beobachtung der Geschoßaufschläge und damit die Visirwahl erleichtert.

Da im Gefechtslärm die Stimme bei einem geschlossenen Zuge schwer, bei einem ausgeschwärmten Zuge selten vollkommen durchdringen wird, bleibt die Anwendung der Salve auf den Beginn des Gefechts und auf solche Augenblicke beschränkt, in welchen die Truppe nicht selbst wirksam beschossen wird.

b) **Das Schützenfeuer.**

Das Feuer einer Schützenlinie wird in der Regel als Schützenfeuer abgegeben; es hat die Wahrscheinlichkeit der größeren Treffwirkung für sich, weil der Mann ruhig zielen und den günstigsten Augenblick zur Abgabe des Schusses abwarten kann.

Der Schütze muß so erzogen werden, daß er der Regel nach den Erfolg nicht im schnellen, sondern im wohlgezielten und überlegten Schießen sucht. Er ist deshalb zu gewöhnen, mit seinem Nebenmanne in der Rotte gemeinsame Sache zu machen: während ein Mann der Rotte schießt, beobachtet der andere und darf — muß aber nicht — dann schießen, nachdem der erste wieder geladen hat.

Soll lebhaft gefeuert werden, so hört der Feuerwechsel in der Rotte auf; jeder schießt, sobald er das Ziel genau sieht oder am Pulverdampf vor der feindlichen Linie ein gutes Abkommen findet.

Die größere oder geringere Lebhaftigkeit des Feuers ergiebt sich entweder von selbst, oder sie wird durch den Zuruf der Führer: „Lebhafter (langsamer) feuern!" herbeigeführt. Dringt der Zuruf zum Verlangsamen des Feuers nicht durch, so ist dasselbe abzustopfen und wieder zu regeln.

Wenn von vornherein die Absicht vorliegt, ein besonders langsames oder lebhaftes Feuer zu eröffnen, so wird dies auf das Kommando: „Langsames (lebhaftes) Schützenfeuer!" zur Ausführung gebracht.

Abgesehen vom lebhaften und langsamen Schützenfeuer unterscheidet man geleitetes (bei welchem noch eine Einwirkung der Vorgesetzten stattfindet) und ungeleitetes Schützenfeuer (wenn die Schützen sich selbst überlassen bleiben müssen).

c) Das Magazinfeuer.

Das Magazinfeuer soll in entscheidenden Augenblicken bei Wegfall der Thätigkeit des Ladens die Leistungen der Truppe steigern. Es kann sowohl in der geöffneten, wie in der geschlossenen Ordnung und unter Umständen auch als Magazinsalve abgegeben werden.

Soll der Hauptvorzug der Magazinfüllung, die erhöhte Feuerbereitschaft, bei der eigentlichen Entscheidung zur Geltung kommen, so darf auf den mittleren und weiten Entfernungen von dem Magazinfeuer kein Gebrauch gemacht werden.

Hier genügt die Feuerbereitschaft des Einzelladers. In der Regel findet Magazinfeuer nur in Verbindung mit dem Standvisir oder der kleinen Klappe Anwendung.

Geeignete Zeitpunkte hierfür sind:
a) beim Angriff: die letzte Vorbereitung vor dem Sturm;
b) in der Vertheidigung: die Abwehr des feindlichen Sturmanlaufes.
c) Abwehr von Kavallerie und alle Gefechtsmomente, in welchen ein plötzlicher und unmittelbarer Zusammenstoß mit dem Feinde stattfindet (Kampf um Verschanzungen, in Oertlichkeiten, im Walde 2c.);
d) Verfolgungsfeuer hinter einem weichenden Gegner.

In den vorstehend unter **a, b** und **d** erwähnten Gefechtsverhältnissen wird die Feuerleitung häufig ganz oder theilweise aufgehoben und die Anwendung des Magazins allein dem Ermessen des einzelnen Schützen überlassen bleiben. Derselbe muß daher, damit die höchste Leistungsfähigkeit des Gewehrs nicht zur Unzeit verausgabt werde, eingehend geschult sein, das Magazin für solche Augenblicke aufzusparen, in welchen die unmittelbare Entscheidung gesucht wird oder eine drohende Gefahr abgewendet werden muß.

Nur **ausnahmsweise** darf das Magazinfeuer auch auf Entfernungen zwischen 300 und 800 m in solchen Fällen in Anwendung kommen, in welchen das Beschießen besonders vortheilhafter Ziele sich auf kurze Zeit beschränkt und in dieser eine **größere Feuerwirkung** aus taktischen Rücksichten geboten ist.

Ist das Magazin ausgeschossen, die Möglichkeit des sofortigen Nachfüllens nicht vorhanden und der Schütze oder eine geschlossene Abtheilung gezwungen, ein möglichst rasches Feuer abzugeben, so muß das Gewehr als Einzellader unter thunlichster Beschleunigung des Ladens und Zielens in einer das lebhafte Schützenfeuer an Feuergeschwindigkeit übertreffenden Weise weiter gebraucht werden

Der fernere Punkt, auf welchen zu achten, ist:

die Anwendung der Visire.

Die Vorschriften hierfür sind auf Seite 95 u. ff. der Schießvorschrift enthalten.

Visiranwendung und Haltevorschrift.
1. Bis 600 m wird grundsätzlich mit einem Visir geschossen.
2. Ueber 600 m werden in der Regel zwei um 100 m auseinanderliegende Visirstellungen gleichzeitig verwendet. Ergiebt die Beobachtung die zutreffende Visirstellung, so ist sofort zum Schießen mit einem Visir überzugehen.
3. Gegen sich vor- oder zurückbewegende Ziele werden jenseits 600 m in der Regel zwei um 100 m auseinanderliegende Visirstellungen gleichzeitig angewendet.
4. Zwei Visire werden auf die Glieder und zwar das niedrigere auf das erste, das höhere auf das zweite Glied vertheilt.

Abtheilungen unter Zugstärke mit zwei Visiren schießen zu lassen, ist nicht vortheilhaft.

Haltevorschrift.

Bis 400 m hat jeder Schütze nach der für das Schulschießen gegebenen Haltevorschrift zu verfahren. Jenseits 400 m wird grundsätzlich „Ziel aufsitzen" gehalten.

Nur beim Schießen mit einem Visir kann nach stattgehabter Beobachtung ein anderer Haltepunkt befohlen werden.

Anwendung der Signale.

Eine Benutzung der Signale kann bei den in Rede stehenden Abtheilungen nicht erforderlich sein, da deren Bewegungen sich vollständig durch Kommando oder Befehl regeln lassen.

Läßt dagegen der die Uebung Leitende das Signal „Das Ganze!" geben, so wird dies von den übrigen Hornisten wiederholt und bleiben sämmtliche Mannschaften auf der Stelle stehen, wo sie sich eben befinden, und warten das Ausführungs=Signal ab.

Auf das nun folgende Signal „Halt!" begeben sich die beiderseitigen Führer zum Leitenden; die Infanterie setzt die Gewehre zusammen, Alles darf sich zur Ruhe niederlegen. Auf das Signal „Das Ganze — Marsch!" wird die Uebung fortgesetzt.

Auch bei diesen Uebungen ist es wünschenswerth, daß das Abbrechen des Gefechts kriegsgemäß geschieht.

Soll die Uebung beendet werden, so wird dies entweder den bei der Kritik versammelten Führern mitgetheilt, oder es erfolgt das Signal „Das Ganze sammeln!", worauf die Truppe ohne Weiteres abmarschirt.

Bei dem Sammeln ist darauf Rücksicht zu nehmen, daß, wenn das Detachement zur Zeit in mehrere Abtheilungen getrennt war, dasselbe bei der dem Garnisons=Orte zunächst befindlichen Abtheilung geschieht.

4. Die Ausarbeitungen.

Jede der hier in Rede stehenden Felddienst=Aufgaben von Offizieren gegeneinander soll schriftlich dargestellt und in der Regel 24—48 Stunden nach ihrer Ausführung demjenigen Vorgesetzten eingereicht werden, welcher die Aufgabe gegeben hat.

In welcher Weise dies geschieht, davon dürfte am besten die Einsicht in eine derartige Bearbeitung den Anhalt bieten. Es ist daher im Nachstehenden eine solche als Beispiel aufgestellt, wobei jedoch gleichzeitig bemerkt wird, daß ein Bericht auch in Form eines Befehls, einer Meldung ɾc. oder als Kroki mit Erläuterung im Gelände angefertigt werden kann und zwar dann auf einer Meldekarte. Ein im Zimmer anzufertigender Bericht kann ebenfalls in Form eines Krokis mit den nöthigen Erläuterungen oder in Form eines Berichts erfolgen, je nach Anordnung des Leitenden.

Der Anhang der neuen Felddienst-Ordnung giebt alle Einzelheiten über die Anfertigung derartiger Arbeiten; seine Bestimmungen sind auf das Allergenaueste zu beachten. Unserer Arbeit liegen die Formen eines im Zimmer zu fertigenden Berichts zu Grunde.

Die Arbeit selbst wird auf Formatpapier geschrieben, die Bogen werden aneinander gelegt und zusammengeheftet, wobei noch ein bis zwei leere Seiten für die Kritik der Vorgesetzten übrig bleiben müssen; an die letzte Seite wird das Kroki derart angeklebt, daß es — rechts herausgeklappt — gelesen werden kann, der Umschlags-Bogen bleibt ungebrochen, ebenso wie die leeren Seiten, während die Arbeit selbst auf halbgebrochene Seiten geschrieben wird.

Die Aufschrift auf dem Umschlagsbogen lautet:

Oben rechts Name und Charge des Verfassers, links oben der Truppentheil. In der Mitte **Feld-dienst-Uebung am** ᵗᵉⁿ 2c. **West- (Ost- 2c. Detache-ment. — Gegner: Lieutenant X.**

Auf dem ersten Bogen wird alsdann links oben die Aufgabe in ihrem Wortlaut niedergeschrieben; in gleicher Höhe mit dem Ende desselben fängt rechts der Befehl an, an welchen sich, ebenfalls auf der rechten Seite, der Bericht anschließt. Wird eine Truppen-Eintheilung beigegeben, so findet dieselbe auf der linken Seite des Blattes neben dem Befehl ihren Platz.

Alle übrigen Einzelheiten ergeben sich aus dem oben erwähnten Anhange.

In unserem Beispiel müssen wir der Raum-Ersparniß wegen von der Vertheilung auf einem gebrochenen Blatte absehen.

Aufgabe für das Ost-Detachement.

Sekonde-Lieutenant A erhält den Auftrag, mit 8 Unteroffizieren, 1 Spielmann und 80 Mann eine von Beulen aus in Halmbach vorzunehmende Fouragirung zu decken.

Feindliche Patrouillen haben sich von Dessenberg her auf dem rechten Ufer der Ill gezeigt.

Rendezvous: 8 Uhr V. M. West-Ausgang von Halmbach.*)

gez. C.
Major und Bataillons-Kommandeur.

Bericht. X... 15. 9. 87.

Truppen-Eintheilung.	Detachements-Befehl.
Avantgarde: Unteroffizier X.	Feindliche Patrouillen haben sich von Dessenberg her diesseits der Ju gezeigt.
1. Halbzug: 2 Unteroffiziere, 20 Mann.	
Gros: 2. Zug: 4 Unteroffiziere, 1 Spielmann, 40 Mann,	Zur Deckung der in Halmbach vorzunehmenden Fouragirung beabsichtige ich, dieselben über die Ju zurückzuwerfen.
Linkes Seitendetachement.	
Vizefeldwebel Y. 2. Halbzug: 2 Unteroffiziere, 20 Mann.	Die Avantgarde tritt auf der Chaussee an; das Gros folgt auf 300 m Entfernung.

*) Anordnungen des Majors, welche nicht unmittelbar zur taktischen Uebung gehören (Anzug, mitzunehmende Munition ꝛc.) werden nicht aufgenommen, wohl aber die Bestimmung über den Sammelplatz, etwaiges Markiren von Truppen ꝛc. und den Beginn der Uebung.

Das linke Seiten-Detachement rückt gleichzeitig auf dem Feldwege gegen die Noth-Brücke vor.

Ich befinde mich bei der Avantgarde.

(mündlich mitgetheilt.)

Das Detachement trat um 8 Uhr $\frac{6}{-}$ den Vormarsch an.

Als die Avantgarde um 8 Uhr $\frac{6}{-}$ aus dem Buchwalde heraustrat, zeigte sich eine etwa 12 Mann starke Patrouille des Gegners, welche soeben über die Chaussee-Brücke vorkam.

Ich ließ die Avantgarde, sobald sie sich dem im Marsch verbliebenen Gegner auf etwa 700 m genähert hatte, ausschwärmen. Nach wenigen Schüssen zog sich die feindliche Abtheilung hinter die Ill wieder zurück, behielt jedoch die Chaussee-Brücke besetzt. (a.)

Um den Gegner auch von dort zu vertreiben, war ich im Begriff, die Avantgarde durch eine Sektion zu verstärken, als beim linken Seiten-Detachement, welches sich der Noth-Brücke auf etwa 400 m genähert hatte, Schüsse fielen und gleich darauf — um 8 Uhr ^{28} — die Meldung von ihm einging, daß eine feindliche Abtheilung in der ungefähren Stärke von 80 Mann über die Noth-Brücke vordränge. (a 1.)

Die diesseitige Avantgarde befand sich zur Zeit ausgeschwärmt noch 270 m von der Chaussee-Brücke (A 1.), das Gros etwa 300 m hinter ihr, gedeckt durch eine kleine Höhe an der Chaussee (A 2.); das linke Seiten-Detachement sah man, durch starke Schützen-Schwärme gedrängt, langsam fechtend am Feldwege zurückgehen. (A 3.)

Ich beorderte die Avantgarde sofort an den Punkt, wo sich das Gros zur Zeit befand, zurück, während ich mit letzterem, gedeckt durch den kleinen Höhenzug, links abmarschirte, demnächst mit zwei ausgeschwärmten Sektionen den Höhenrücken zu beiden Seiten des Feldweges besetzte und daselbst das linke Seiten-Detachement aufnahm.

In dieser Stellung (B—B) erwartete ich den Angriff. Dieser erfolgte um 8^{42} mit starken Schützenschwärmen zu beiden Seiten des Feldweges, während das Gros des Gegners meinen linken Flügel zu umfassen drohte. Seine an der Chaussee-Brücke befindliche Abtheilung verblieb an derselben. (b—b.)

Die diesseitige Schützen-Linie wurde bis auf 40 Mann verstärkt, der Unterstützungstrupp (20 Mann) dem linken Flügel genähert. Gleichzeitig besetzte Unteroffizier X. mit der bisherigen Avantgarde die hart südlich der Chaussee gelegene Höhe und richtete ein überraschendes Feuer gegen den linken Flügel der feindlichen Schützen, welches diese zum eiligen Rückzuge zwang.

Um nicht von der Noth-Brücke abgedrängt zu werden, sahen sich in Folge dessen auch die südlich des Feldweges befindlichen feindlichen Abtheilungen zum Rückzuge genöthigt.

Ich folgte dem über die Noth-Brücke abziehenden Gegner auf dem Fuße, während Unteroffizier X. mit seinen beiden Sektionen wieder gegen die Chaussee-Brücke vorging. Der Gegner ließ sich jedoch an beiden Punkten auf keinen Widerstand ein, sondern setzte seinen Rückzug auf Dessenberg fort.

Unter diesen Umständen beließ ich nur Vizefeldwebel Y. mit seinen 20 Mann an der Noth-Brücke und marschirte mit dem Gros nach der

Chaussee, woselbst ich an dem dortigen Ill=Uebergang um 9 Uhr ^{15} eintraf; derselbe war inzwischen vom Unteroffizier X. bereits besetzt worden.

Der Feind richtete sich in Dessenberg zur Vertheidigung ein, ein neuer Angriff desselben erfolgte nicht. Als ich um 9 Uhr ^{20} die Meldung empfing, daß die Fouragirung beendet sei, trat das Detachement unter dem Schutze einer Arrieregarde von 20 Mann den Rückzug auf der Chaussee resp. auf dem Feldwege nach Halmbach an. Vom Gegner folgten nur einzelne Patrouillen auf größere Entfernung.

A.

Sekonde=Lieutenant im n^{ten} . . .

Infanterie=Regiment No. . . . .

In Bezug auf die Durchführung des gestellten Auftrages sei hier bemerkt, daß sich wohl verschiedene Wege für dieselbe fanden. Jedenfalls mußte die Deckung einer in Halmbach auszuführenden Fouragirung vorwärts des Dorfes stattfinden und war niemals durch eine Besetzung der Dorf=Lisiere selbst zu erfüllen.

<u>Um den Auftrag zu lösen</u>, bot sich zunächst eine Aufstellung an dem von der Chaussee durchschnittenen Streifen des Buchwaldes, weiterhin der westlich dieses Streifens befindliche Höhenzug und schließlich die Ill=Linie selbst.

Die erste Stellung am Waldstreifen würden wir verwerfen; sie liegt zu nahe am Dorfe, so daß ein Gefecht um dieselbe störend auf die Fouragirung ein=

wirken müßte; sie hat ferner wenige hundert Meter vor sich den Höhenzug, der jede Uebersicht verhindert, und den Angriff des Gegners begünstigt und in der rechten Flanke den eigentlichen Buchwald, durch welchen feindliche Patrouillen unbemerkt bis Halmbach gelangen und störend wirken können.

Um vieles günstiger wäre eine Stellung auf dem kleinen Höhenrücken. Allerdings bliebe auch hier der oben erwähnte Nachtheil in Bezug auf den Buchwald bestehen, aber die Truppen sind den Augen des Gegners entzogen und beherrschen vom Kamme der Höhe weithin das vorliegende Gelände, so daß ein Angriff seine Schwierigkeit hat. Andererseits kann jedoch eine Ueberlegenheit des Gegners hier zur vollen Entwickelung gelangen. Wenn indeß die Lösung auf diesem Wege angestrebt worden wäre, so ließe sich durchaus nicht das Geringste dagegen sagen. Ueberhaupt sei hierbei bemerkt, daß die Kritik sich mit jeder Lösung, die zum Ziele führen kann, zufriedenstellen muß, und daß es gar nicht darauf ankommt, genau nur den Weg einzuschlagen, den sich der Auftragsteller vielleicht gedacht hat.

Die dritte Art und Weise der Lösung: das Vorgehen bis an die Ill. ist die in unserem Beispiel vorgeführte. Sie hat den Vortheil der Offensive, sowie den Umstand für sich, daß, wenn man erst bis an die Ill gelangt ist, nur zwei Brücken-Defileen zu sperren sind. Es bleibt jedoch fraglich, ob man überhaupt bis an die Ill vordringen wird, und nöthigt außerdem dieses Verfahren von Hause aus zu einer

Detachirung, die schließlich, an der Noth-Brücke angekommen, auf etwas über 800 m vom Gros entfernt ist. Immerhin läßt sich gegen dieses Verfahren ebenfalls nichts einwenden; es konnte zum Ziel führen und hatte den ferneren Vortheil für sich, daß, wenn man selbst das Flüßchen nicht erreichen sollte, immer noch auf die Vertheidigung der Höhen zurückgegriffen werden konnte, wie dies dann auch im Bericht durchgeführt worden ist.

Einzelne Bemerkungen in formeller Beziehung.

Aus den Einzelheiten sei hier noch Folgendes hervorgehoben.

Alle Eigennamen sind mit lateinischer Schrift zu schreiben.

Der Punkt des Aufbruches ergiebt sich aus dem in der Aufgabe bezeichneten Sammelplatz, braucht also im Bericht nicht nochmals erwähnt zu werden.

Daß der Vormarsch mit den bestimmungsgemäßen Sicherheits-Maßregeln ausgeführt wird, ist, als selbstverständlich, nicht zu sagen.

Verschiedentlich wird Werth darauf gelegt, daß bei Friedens-Uebungen nicht vom „Feinde," sondern nur vom „Gegner" gesprochen wird; anderweitig geschieht dies nicht.

Die Bezeichnung „rechts" und „links" ist nur gebräuchlich, wenn man von den Flügeln resp. Flanken einer Aufstellung oder den Ufern eines Wasserrisses spricht, sonst bedient man sich der Himmels-Gegenden als Bezeichnung, also: „östlich des Waldes," „südlich der Chaussee" 2c.

Alle Haupt=Momente müssen durch Zeit=Bestimmungen genau angegeben werden. Hierzu gehören: der Beginn des Gefechts, die Einnahme einer Stellung, ein entscheidender Angriff, das Erreichen eines wichtigen Abschnittes im Gelände u. dgl.

Bericht und Kroki müssen sich vollständig decken. Die im Kroki durch Buchstaben bezeichneten Gefechts=Momente müssen sämmtlich in dem Berichte mit denselben Buchstaben bezeichnet sein.

Beschreibungen, Berichte des Geländes sind in den Bericht nicht aufzunehmen. Was in dieser Hinsicht durch das Kroki sich nicht von selbst ergiebt, findet durch einige Bemerkungen auf demselben Erwähnung.

Besondere Kraft=Ausdrücke wie: <u>„mit großer Tapferkeit, nach hartnäckigem Widerstand, erschöpfte, zusammengeschossene Truppen"</u> und dgl. haben bei Friedens=Uebungen <u>keinen Sinn,</u> und darf man sich daher auch ihrer im Berichte <u>nicht bedienen.</u>

Während der Uebung eingelaufene schriftliche Meldungen werden zeitlich geordnet und numerirt an einen besonderen Bogen derart angeklebt, daß sie — rechts herausgeklappt — gelesen werden können; mündliche Meldungen dagegen sind in ihrem Wortlaut im Berichte aufzunehmen.*)

---

*) Die in unserem Beispiel erwähnte Meldung von der Beendigung der Fouragirung konnte nur von dem die Uebung Leitenden ausgegangen sein. Derartige Mittheilungen des Leitenden werden an betreffender Stelle auf der linken Seite des Bogens niedergeschrieben.

Da jede Uebung kriegsgemäß beendet werden soll, muß auch der Schluß der Arbeit dem entsprechend sein. Es ist daher nicht angebracht, zu sagen: „Hier wurde durch Signal die Uebung beendet."

Einige Bemerkungen über das Kroki.

Es kommt beim Kroki vorzugsweise darauf an, daß es deutlich und verständlich ist; der Maßstab ist in der Regel auf 1 : 25 000 festgesetzt. Ob das Kroki in Bleistift oder Tinte, in Buntstift oder Farben auszuführen ist, bleibt dem Zeichner überlassen.

Unterschrift und Maßstab dürfen nicht fehlen. Die Anbringung einer Nordnadel ist nicht erforderlich, da jedes Kroki nach Norden zu orientiren ist.

Die Richtung des Wasserlaufes ist mit Pfeilstrichen zu bezeichnen.

Bei allen an den Rand der Zeichnung mündenden Wegen ist der nächste Ort, von dem sie kommen oder zu welchem sie führen, anzugeben.

Die eigenen Truppen sind stets blau, die des Gegners roth zu bezeichnen, bei letzteren genügt, wenn sie nicht genauer angegeben werden können, ein einfacher Strich.

Die Truppen-Einzeichnungen haben sich nur auf die Haupt-Momente zu beziehen, welche sich durch verschiedene Farben-Schattirungen von einander abheben.

Jedes Kroki muß in Erläuterungen die auf demselben befindliche Truppeneinzeichnung erklären.

Sind in der Aufgabe noch Orte genannt, welche sich in dem Kroki wegen beschränkten Raumes nicht aufnehmen lassen, so ist noch eine besondere Uebersichts-Karte auf dasselbe in kleinerem Maßstabe zu zeichnen. Ueberhaupt ist festzuhalten, daß jeder in der Aufgabe oder im Bericht genannte Ort, Fluß, Weg u. dgl. entweder auf dem Kroki oder auf der Uebersichts-Karte zu finden sein muß.